HOUGHTON MIFFLIN
Celebremos la Literatura
PROGRAMA DE LECTURA

¡Celebremos la literatura!

Cover illustration by Daniel Moreton.

Acknowledgments appear on page 94.

Printed in the U.S.A.

ISBN: 0-395-62857-1

23456789-DW-96 95 94 93

Yo soy yo

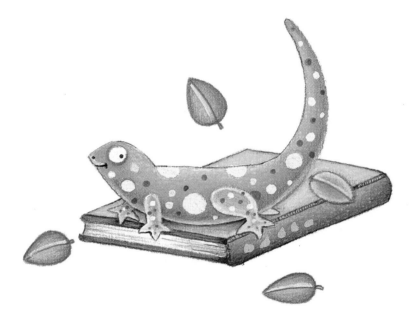

Autores/Authors

Rosalinda B. Barrera
Alan N. Crawford
Joan Sabrina Mims
Aurelia Dávila de Silva

*Asesores literarios/
Literature Consultants*

Ray Gonzalez
Cynthia Ventura

*Autores de consulta/
Consulting Authors*

John J. Pikulski
J. David Cooper

*Asesor lingüístico/
Linguistic Consultant*

Tino Villanueva

HOUGHTON MIFFLIN COMPANY   BOSTON

Atlanta   Dallas   Geneva, Illinois   Palo Alto   Princeton   Toronto

TEMA 1

8

Así somos nosotros

9

A veces somos niños
poema
por Isabel Jiménez

12

Si te alegras y lo sabes
canción tradicional

26

Los sentidos

poema

por Amado Nervo

28

Fue David

por Robert y Estella Menchaca

45

Imagínate

poema

por Teresa Clerc Mirtín

LIBRO GRANDE

Paco y su familia

por Maxine S. Durán

En mi barrio

poema

por Lucy Poisson

TEMA 2

50

¡Aquí vienen los animales!

51
Alborada
poema popular

54
La marrana dormida
por Jan Epton Seale y Carmen Tafolla

72
Con real y medio
canción tradicional de nunca acabar

78

Arriba y abajo por los callejones
rima tradicional
contada e ilustrada por Laura Fernández

92

El gato de mi casa
canción tradicional

LIBRO GRANDE
Las hormigas marchan
canción tradicional
ilustrada por Don Stuart

Pío, pío
canción tradicional
contada e ilustrada por Laura Fernández

TEMA 1

ASÍ SOMOS NOSOTROS

8

A VECES SOMOS NIÑOS

por Isabel Jiménez

A veces soy una niña,
a veces soy una doctora.
A veces soy una hermana,
a veces trabajadora.

A veces soy un hijo,
a veces jugador.
A veces soy un alumno,
a veces un escritor.

Haga lo que haga,
y sea quien yo sea,
lo que importa es
que siempre,
¡yo soy yo!

Libro grande

Nada se compara con un día en tu barrio con tu familia. Cuando leas *Paco y su familia* podrás ir al parque. Y al leer el poema "En mi barrio", acompañarás a una niña que va de compras con su mamá.

Así somos nosotros

• 12 •

Si te alegras y lo sabes
canción tradicional

• 28 •

Fue David

escrito por
Robert y Estella Menchaca
ilustrado por Pamela Rossi

SI ALEGRAS Y LO

TE
SABES

canción
tradicional

13

Si te alegras vamos todos a aplaudir.
Si te alegras vamos todos a aplaudir.

Si te alegras y lo sabes,
y lo quieres demostrar...
Si te alegras vamos todos, ¡a aplaudir!

16

Si te enojas vamos todos a patear.
Si te enojas vamos todos a patear.

Si te enojas y lo sabes,
y lo quieres demostrar...

Si te enojas vamos todos,
¡a patear!

17

Si estás gracioso vamos todos a reír:
—¡Ja-ja!
Si estás gracioso vamos todos a reír:
—¡Ja-ja!

Si estás gracioso y lo sabes,
y lo quieres demostrar...
Si estás gracioso vamos todos a reír:
—¡Ja-ja!

Si estás triste vamos todos a llorar:
—Buaa-buaa.
Si estás triste vamos todos a llorar:
—Buaa-buaa.

Si estás triste y lo sabes,
y lo quieres demostrar...

Si estás triste vamos todos a llorar:
—¡Buaa-buaa!

Si te cansas vamos todos a dormir.
Si te cansas vamos todos a dormir.

Si te cansas y lo sabes,
y lo quieres demostrar...

Si te cansas vamos todos a dormir.

22

Si te alegras vamos todos a gritar:
—¡Qué bien!
Si te alegras vamos todos a gritar:
—¡Qué bien!

Si te alegras y lo sabes,
y lo quieres demostrar...

Si te alegras vamos todos a gritar:

24

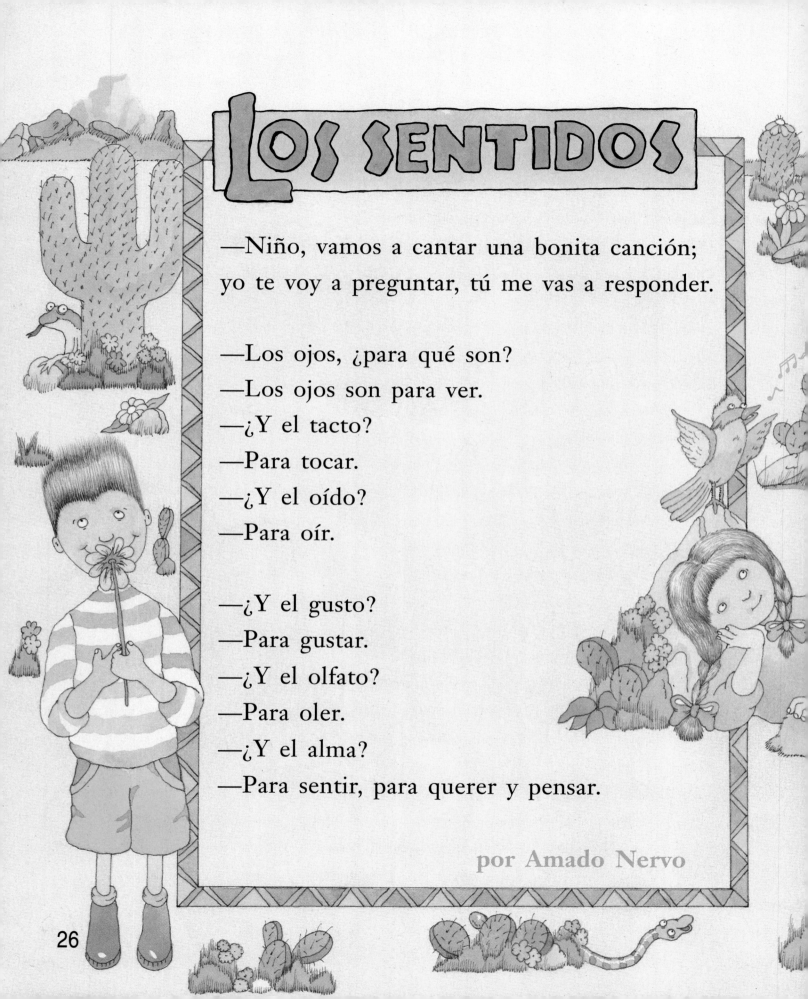

LOS SENTIDOS

—Niño, vamos a cantar una bonita canción;
yo te voy a preguntar, tú me vas a responder.

—Los ojos, ¿para qué son?
—Los ojos son para ver.
—¿Y el tacto?
—Para tocar.
—¿Y el oído?
—Para oír.

—¿Y el gusto?
—Para gustar.
—¿Y el olfato?
—Para oler.
—¿Y el alma?
—Para sentir, para querer y pensar.

por Amado Nervo

Fue David

escrito por Robert y Estella Menchaca
ilustrado por Pamela Rossi

Cuando Daniel llega de la escuela
le gusta jugar afuera.

Papá notó que alguien había cortado
unas flores de su jardín.

Le preguntó a Daniel si él lo había hecho,
y Daniel le contestó:

—No sé nada, yo no fui,
pienso yo que fue David.

Mamá entró a la cocina.

Notó que alguien había sacado
todas las ollas y sartenes.

Le preguntó a Daniel si él lo había hecho,
y él le contestó:

—No sé nada, yo no fui, pienso yo que fue David.

Daniel estuvo en el cuarto
de su hermano Antonio.

Antonio notó que alguien
había desordenado sus libros.

35

Le preguntó a Daniel si él lo había hecho,
y él le contestó:

—No sé nada, yo no fui, pienso yo que fue David.

Toda la familia fue a la casa de Abuela.

Abuela notó que todos sus retratos viejos
estaban desparramados.

40

Le preguntó a Daniel si él lo había hecho,
y él le contestó:

—No sé nada, yo no fui, pienso yo que fue David.

—Oye, Daniel —le preguntó la familia—,
¿quién es David, que hace tantas cosas terribles aquí?

—Es un amiguito nomás para mí,
nadie lo ve, pero yo sí.

44

Imagínate

por Teresa Clerc Mirtín

Yo veo mi cara
en el espejo.
Imagínate,
mi cara en el espejo.

Yo veo mi cara
que tiene dos ojos.
Imagínate,
mi cara con dos ojos.

Yo veo mi cara
con una sola nariz.
Imagínate,
mi cara con una sola nariz.

Yo veo mi cara
con una boca rosada.
Imagínate,
mi cara con una boca rosada.

Yo veo mi cara
en la tetera.
Imagínate,
mi cara en la tetera.

Yo veo mi cara
en la ventana.
Imagínate,
mi cara en la ventana.

Yo veo mi cara
en la bandeja.
Imagínate,
mi cara en la bandeja.

Yo veo mi cara
en el reloj.
Imagínate,
mi cara en el reloj.

¡Aquí vienen los animales!

Alborada

poema popular

Me dice la abuela,
mi despertador:

—Hay que ir a la escuela,
levántate, amor.
Hace el toro: mu,
la ovejita: bu,
la rana: ru ru,
el caballo: jee,
el perro: guau guau,
el asno: jo jo,
el gato: miau miau,
la gallina: clo clo.
Canta el gallo:
kikirikí, kikirikí.
Comienza a clarear.

El sol va a salir...
con tanto cantar,
¡no puedo dormir!

Libro grande

Cuando empieza a llover, ¿dónde se esconden los animales? Lee "Las hormigas marchan" y descubrirás algunos escondites muy curiosos. Y luego canta la canción que cantan los pollitos y que dice: "Pío, pío".

¡Aquí vienen los animales!

La marrana dormida   54
escrito por Jan Epton Seale y
Carmen Tafolla
ilustrado por Claudia de Teresa

Arriba y abajo por los callejones...   78
rima tradicional
contada e ilustrada por Laura Fernández

53

LA MARRANA

escrito por Jan Epton Seale y Carmen Tafolla

DORMIDA

ilustrado por Claudia de Teresa

Una mañana Celina encontró
a doña Marrana muy bien dormida
en su huerta de sandías.

Celina le dijo: —Doña Marrana, ¡fuera de aquí!
En estas sandías no se venga a dormir.

Celina gritó y gritó.
Pero doña Marrana no se despertó.

Pasó un coyote y le dijo:
—No te preocupes por tus sandías,
con mi gran aullido
esta marrana no se queda dormida.

El coyote aulló y aulló.
Pero doña Marrana no se despertó.

Pasó un armadillo y le dijo:
—No te preocupes por tus sandías,
con mi gran fuerza
esta marrana no se queda dormida.

El armadillo empujó y empujó.
Pero doña Marrana no se despertó.

Pasó un conejo y le dijo:

—No te preocupes por tus sandías,
con mi gran salto
esta marrana no se queda dormida.

El conejo saltó y saltó.
Pero doña Marrana no se despertó.

Pasó una cascabel y le dijo:
—No te preocupes por tus sandías,
con mi gran cola
esta marrana no se queda dormida.

La cascabel jaló y jaló.
Pero doña Marrana no se despertó.

Pasó una chicharra y le dijo:
—No te preocupes por tus sandías,
aunque soy pequeñita,
esta marrana no se queda dormida.

La chicharra cantó y cantó.
¡Chirrr-chirrr-chirrr!
¡Di-di-di-di!

Doña Marrana se movió.
Y dando un gran bostezo se despertó.

Con un ronquido dijo: —Buenos días,
ya me voy de esta huerta de sandías.

69

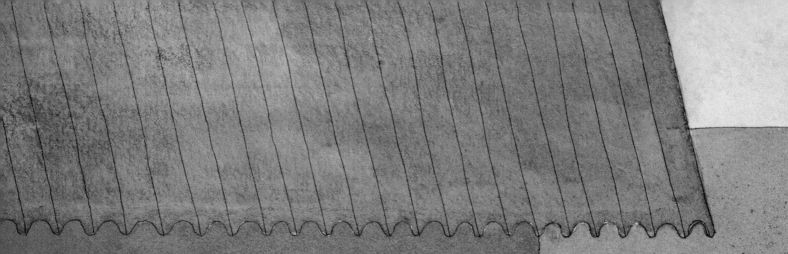

Y doña Marrana se fue para su casa.

CON REAL Y MEDIO

canción tradicional de nunca acabar

Con real y medio, con real y medio,
con real y medio compré una oveja.

La oveja tuvo una ovejita,
tengo la oveja, tengo la ovejita,
y siempre me queda mi real y medio.

Con real y medio, con real y medio,
con real y medio compré una perra.

La perra tuvo un perrito,
tengo la perra, tengo el perrito,
tengo la oveja, tengo la ovejita,
y siempre me queda mi real y medio.

Con real y medio, con real y medio,
con real y medio compré una pata.

La pata tuvo un patito,
tengo la pata, tengo el patito,
tengo la perra, tengo el perrito,
tengo la oveja, tengo la ovejita,
y siempre me queda mi real y medio.

Con real y medio, con real y medio,
con real y medio compré una mona.

La mona tuvo un monito,
tengo la mona, tengo el monito,
tengo la pata, tengo el patito,
tengo la perra, tengo el perrito,
tengo la oveja, tengo la ovejita,
y siempre me queda mi real y medio.

Con real y medio, con real y medio,
con real y medio compré una gata.

La gata tuvo un gatito,
tengo la gata, tengo el gatito,
tengo la mona, tengo el monito,
tengo la pata, tengo el patito,
tengo la perra, tengo el perrito,
tengo la oveja, tengo la ovejita,
y siempre me queda mi real y medio.

Con real y medio, con real y medio,
con real y medio compré una lora.

La lora tuvo un lorito,
tengo la lora, tengo el lorito,
tengo la gata, tengo el gatito,
tengo la mona, tengo el monito,
tengo la pata, tengo el patito,
tengo la perra, tengo el perrito,
tengo la oveja, tengo la ovejita,
y siempre me queda mi real y medio.

ARRIBA
Y
ABAJO
POR LOS
CALLEJONES...

rima tradicional
contada e ilustrada por
Laura Fernández

Arriba y abajo por los callejones,

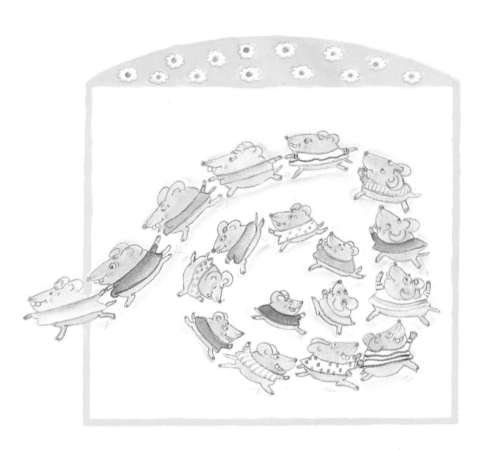

pasa una rata con veinte ratones,

 unos con colita

y otros muy colones,

unos con orejas

y otros orejones,

 unos con ojitos y otros muy ojones,

unos con narices y otros narigones,

unos con patitas y otros muy patones,

unos con bigotes y otros bigotones,

unos eran cojos, cojitos de un pie

y aquí tiene usted.

El gato de mi casa

canción tradicional

El gato de mi casa
es muy particular;
persigue a los ratones
como los demás.

La puerta de mi casa
es muy particular;
se abre y se cierra
como las demás.

El patio de mi casa
es muy particular;
se moja cuando llueve
como los demás.

Acknowledgments

For each of the selections listed below, grateful acknowledgment is made for permission to excerpt and/or reprint original or copyrighted material, as follows:

Major Selections

"Imagínate," from *Tesoro de la infancia*, edited by Teresa Clerc Mirtín, Miguel Moreno Monroy, and Esther Precht Bañados. Copyright © 1987 by Editorial Universitaria. Reprinted by permission of Editorial Universitaria.

Arriba y abajo por los callejones, told and illustrated by Laura Fernández. Copyright © 1989 by Sistemas Técnicos de Edición, S.A. de C.V. Reprinted by permission of Sistemas Técnicos de Edición, S.A. de C.V., San Marcos #102, Tlalpan, México, D.F.

Houghton Mifflin Co. gratefully acknowledges the resources of the Boston Public Library's Alice M. Jordan Collection and the assistance of its staff.

Credits

Cover Design   DeFrancis Studio

Cover Illustration   Daniel Moreton

Design   **8–93** TextArt

Introduction   (left to right) 1st row: Pat Wong, Peter Gonzalez, Francisco X. Mora; 2nd row: Peter Gonzalez, Ivar Da Coll, Victoria Escrivá; 3rd row: Claudia de Teresa, Pat Wong, Peter Gonzalez; 4th row: John Lei, Victoria Escrivá, Pamela Rossi

Table of Contents   **4** Ken Karp;   **6** Francisco X. Mora

Illustration   **3** Daniel Moreton;   **8–9** Karen Blessen; **10** Denise and Fernando;   **12–13, 20, 24–25** Michelle Dorman;   **26–27** Ivar Da Coll;   **28–44** Pamela Rossi;   **45, 47, 49** Melodye Rosales;   **50–53** Pat Wong;   **52** Don Stuart; **54–71** Claudia de Teresa;   **73, 75, 77** Victoria Escrivá; **78–91** Laura Fernández;   **92–93** Francisco X. Mora

Assignment Photography   **8-25** Ken Karp